JA
20

JA
C 20

JA

JA

JA
C 20
16

JA
C 2016

TA

JA
C 20
16

TA

JAC 2016

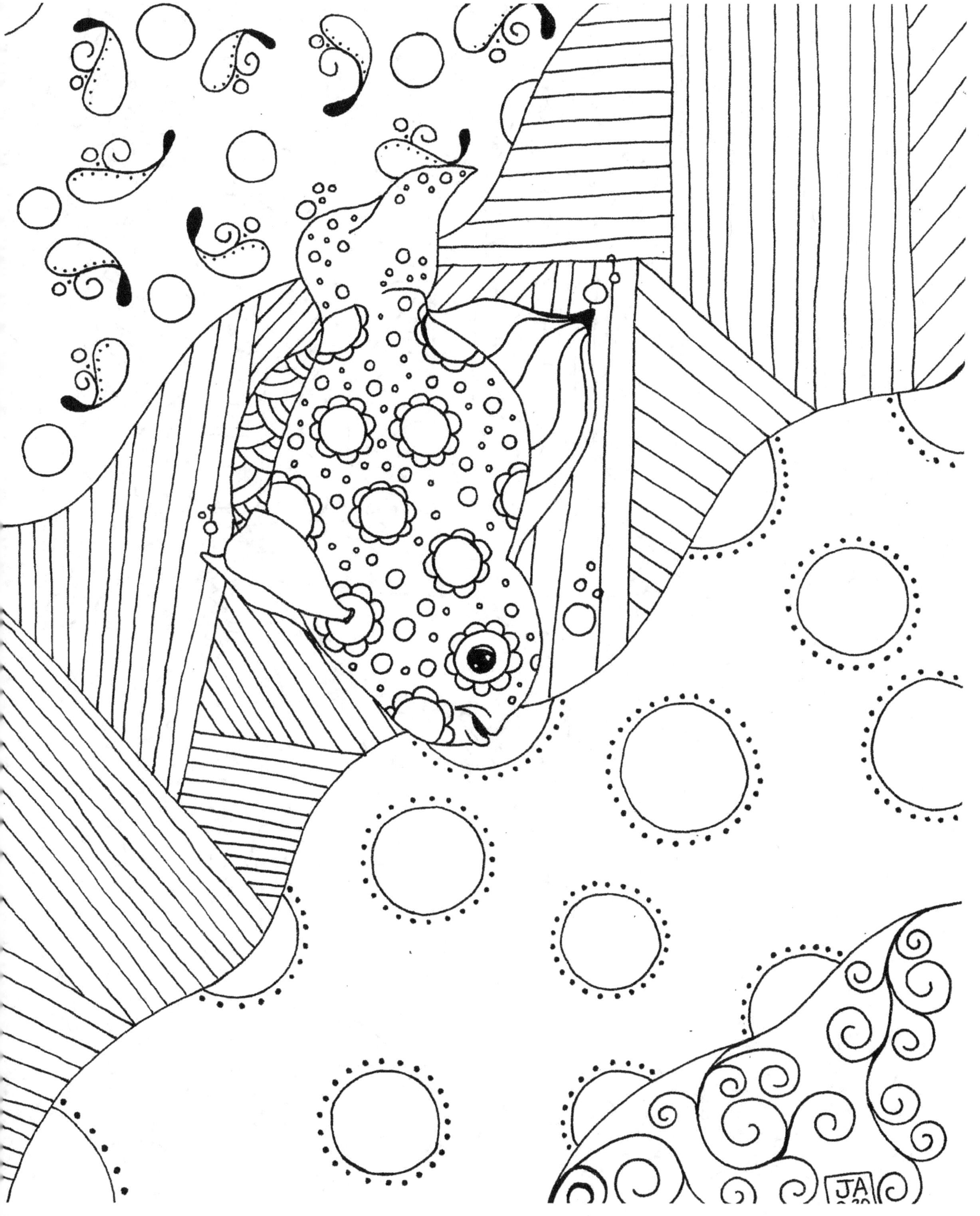
JA

JA
C 20
16

JA
C 20 16

JA
C 20
16

JA
C 2016

JA
C 20
16

JA

JA
C 20
16

www.ingramcontent.com/pod-product-compliance
Lightning Source LLC
Chambersburg PA
CBHW081815280526
45789CB00008B/3131
9781537603421